Schätze der chinesischen Kultur

Band 1

Philosophisches Lesebuch zum Tai Chi Chuan

Freya und Martin Bödicker

BOEDICKER

www.taichi-finder.de

ISBN 3-9810407-0-8

Copyright 2005 Bödicker GbR, Düsseldorf
Alle Rechte sind vorbehalten
Printed in Germany

Produktion: Stefan Greve
Gestaltung: Martina Schughart

Inhalt

Impressum 4
Inhaltsverzeichnis 5
Vorwort 7
Kurze Geschichte der
chinesischen Philosophie 10
  1) Das Buch der Wandlungen 15
  2) Konfuzius 21
  3) Laozi 31
  4) Sunzi 39
  5) Zhuangzi 43
  6) Wuzi 55
  7) Innere Übung 59
  8) Das Große Lernen 65
  9) Maß und Mitte 69
  10) Sun Bin 73
  11) Huainanzi 77
  12) Liezi 83
Glossar 89

Einleitung

Vorwort

Das Wesen des Tai Chi Chuan ist tief von der chinesischen Philosophie durchdrungen. Tai Chi Chuan zu erlernen ist daher nicht nur das Abenteuer, sich mit einer exotischen Form der Bewegung auseinanderzusetzen, sondern man begegnet auch den tiefen Gedanken einer fremden Kultur. Es ist sicherlich sehr fruchtbar, wenn man aus dem Gewohnten und Selbstverständlichen hinaustritt und sich neuen Ideen öffnet.

Das reiche philosophische Denken des alten China fasziniert schon seit Jahrhunderten den Westen. Wer Tai Chi Chuan übt, kann sich ihm auf ganz besondere Weise nähern, denn seine Bewegungen spiegeln wesentliche Konzepte der chinesischen Philosophie wider. Dieses Buch soll den Leser bei seiner Reise in eine fremde Welt unterstützen und gerade die Einbettung des Tai Chi Chuan in die chinesische Gedankenwelt klarer sichtbar machen.

Dazu beginnt es mit einer kleinen Übersicht über die Geschichte der chinesischen Philosophie. Danach werden zwölf verschiedene Philosophen, bzw. philosophische Texte, vorgestellt. Der Schwerpunkt liegt dabei auf der Präsentation von Originaltexten, die so ausgewählt wurden, dass sie für den Tai Chi-Übenden von Bedeutung sind. Bei der Übersetzung haben wir darauf geachtet, dass für philosophische Begriffe, die bei verschiedenen Autoren gleichzeitig verwendet werden, immer das gleiche deutsche Wort benutzt wird. So wird ein Wiedererkennen möglich.

Philosophische Fachwörter, die auch im Tai Chi Chuan eine Rolle spielen, sind mit dem chinesischen Originalbegriff versehen und in einem ausführlichen Glossar am Ende des Buches näher erläutert. Nach dem Studium dieses Buches wird der Leser sein Verständnis für die Gedankenwelt des Tai Chi Chuan sicherlich stark vertieft haben. Mit vielen neuen Inspirationen kann nun das eigene Training wieder angegangen werden.

Viel Spaß beim Schmökern
Freya und Martin Bödicker

Anmerkung:
Die Schriftweise „Tai Chi Chuan" hat sich in Deutschland eingebürgert und so werden wir sie auch in diesem Buch verwenden. Auf die Schreibweise „Taijiquan" wurde zugunsten der besseren Lesbarkeit verzichtet. Für alle anderen chinesischen Wörter wird die chinesische Umschrift Pinyin verwendet.

Kurze Geschichte der chinesischen Philosophie

Den chinesischen Mythen nach soll China im 3. Jahrtausend v. Chr. von Sagen-Kaisern beherrscht worden sein. Dies waren u.a. die Kaiser Fu Xi, Shen Nong, Huang Di (der gelbe Kaiser) und Yu, der angebliche Begründer der Xia-Dynastie. In der Zeit um 2000 v. Chr. begann sich in China die erste Hochkultur zu entwickeln.

Mitte des 2. Jahrtausend v. Chr. herrschte die Shang-Dynastie, die als erste die Technik der Bronzeherstellung kannte. Aus ihrer Herrschaftsperiode kennen wir heute Orakeltexte auf Schildkrötenpanzern und Bronzegefäßen und als Knocheninschriften. Im 11. Jh. v. Chr. wurde die Shang-Dynastie durch den in ihrem Herrschaftsbereich lebenden Stamm der Zhou gestürzt.

Der Zerfall der Zhou-Dynastie im 5. Jh. v. Chr. führte zu einer Reihe von Kleinstaaten. Aufgrund der ständigen Fehden und Kriege der Lehensfürsten untereinander wird die Zeit von ca. 480 v. Chr. bis zur Reichseinigung im Jahre 221 v. Chr. als „die Zeit der streitenden Reiche" bezeichnet. Durch die ständigen Kriege war es eine Zeit der Not und der Entwurzelung. Die Erfindung des Eisens, die des Pfluges, die Einführung der Geldwirtschaft und die damit verbundenen Veränderungen taten ein übriges, um die Menschen nach neuen Lebensinhalten und Werten suchen zu lassen.

Die gesellschaftlichen Umwälzungen brachten ein vielgestaltiges geistiges Leben hervor. Deshalb bezeichnet man diese Zeit auch als die „Zeit der hundert Philosophenschulen". Niemals zuvor wurde das spekulative Denken so intensiv und in so großer Freiheit gepflegt. Die Konkurrenz der unterschiedlichen geistigen Strömungen untereinander reflektiert die äußeren Kämpfe ihrer Zeit. Unter den Schulen finden sich so prominente Vertreter wie die Schule der Konfuzianer, der Mohisten und der Daoisten, sowie die yin-yang-Schule, die Legalisten, die Logiker und die Spezialisten der Kriegsstrategie. Zu zentralen Themen der Philosophie sollten Fragen des menschlichen

Zusammenlebens, der idealen Gesellschaftsordnung und der Beziehung des Menschen zur Natur werden. Belehrung erfolgte durch Lehrgespräche, veranschaulichende Anekdoten oder durch Beispiele aus dem täglichen Leben. Die große Fülle der Philosophenschulen sollte die politische Einigung Chinas im Jahre 221 v. Chr. nicht überleben.

221 v. Chr. überwältigte der Staat Qin den letzten Rivalen und unter seinem Fürsten, der von nun an Qin Shi Huangdi genannt wurde, entstand der erste chinesische Einheitsstaat. Zur Förderung des Einigungsprozesses wurde der Feudalismus abgeschafft und Maße, Gesetze und Schrift vereinheitlicht. Der Legalismus nach Han Feizi wurde zur Staatsphilosophie erhoben. Er interessierte sich nicht für Fragen der Moral, sondern sein Ziel war es, durch für alle Menschen gleich geltende Gesetze ein stabiles politisches System unter einem Alleinherrscher zu etablieren. Die anderen Philosophieschulen wurden verfolgt und ihre Bücher und Schriften verbrannt. Mit dem Tod ihres ersten Kaisers Qin Shi Huangdi 210 v. Chr. neigte sich die Dynastie ihrem Ende entgegen und sollte von der Han-Dynastie abgelöst werden.

Mit der Han-Dynastie (206 v. Chr. - 220 n. Chr.) wurde vom Legalismus Abstand genommen und es sollte zu einem Wechsel in der Staatsphilosophie kommen. Der zu Beginn der Dynastie von Liu An, dem Onkel des ersten Han-Kaisers, in Form des Werkes Huainanzi vorgestellte Daoismus konnte sich trotz großen geistigen Einflusses nicht durchsetzten. Vielmehr war es ein veränderter Konfuzianismus, der neue Staatsphilosophie wurde.

Einer der führenden Köpfe dieses Han-Konfuzianismus, der auch Neutextschule genannt wird, war Dong Zhongshu. Er war es, der die Verbindung von Himmel, Mensch und Erde, d.h. zwischen Natur und sozialem Leben, in ein System brachte. Dabei verschmolz er auf höchst komplizierte Weise den alten Konfuzianismus mit den Ideen anderer Schulen, wie z.B. der yin-yang-Schule.

Die Han-Dynastie gilt in der Philosophiegeschichte Chinas schon als nachklassische Zeit, denn in der philosophischen Diskussion dieser Zeit wird sich im Wesentlichen auf die alten Schulen berufen.

Es sollte jedoch immer beachtet werden, dass auch wenn keine völlig neuen Schulen gegründet wurden, sich die Traditionen trotz Berufung auf die Klassiker der vorchristlichen Zeit oft bis zur Unkenntlichkeit veränderten.

Dem Ende der Han-Dynastie 220 n. Chr. folgte für fast vier Jahrhunderte eine Zeit der Uneinigkeit, in der China in eine Reihe von kurzlebigen Staaten und Dynastien zerfiel. Das geistig-seelische Vakuum dieser Zeit wurde erst durch den Neo-Daoismus und dann durch den aus Indien kommenden Buddhismus ausgefüllt. Der Mittelpunkt des Neo-Daoismus war die aus Künstlern und Philosophen bestehende Bewegung der „Sieben Weisen vom Bambushain". Diese Bewegung lehnte gesellschaftliche und staatliche Pflichten ab und zeigte dies durch bewusste Provozierung der Öffentlichkeit.

Mit der Sui (581 - 618 n. Chr.) - und der Tang-Dynastie (618 - 906 n. Chr.) sollte die Zeit der Uneinigkeit beendet werden. Ein erstarkter Zentralstaat mit einem Prüfungssystem für Beamte als Instrument der Rekrutierung der Herrschaftselite entstand. Während der Tang-Dynastie erreichte der Buddhismus in China seinen Höhepunkt.

Gegen Ende des 9. Jh. n. Chr. richtete sich dann durch Anstoß von Gegnern des Buddhismus das Interesse wieder auf den Konfuzianismus. In der Song-Dynastie (960 - 1279 n. Chr.) wurden durch führende Philosophen wie Zhou Dunyi, Shao Yong und Zhu Xi, Ideen des Buddhismus und des Daoismus mit denen des Konfuzianismus verschmolzen. Daraus entstand der so genannte Neokonfuzianismus. Seine Auslegung und Formulierung nach Zhu Xi wurde zur neuen Staatsphilosophie.

In der Yuan-Dynastie (1280 - 1368 n. Chr.) fiel China zum ersten Mal unter Fremdherrschaft, nämlich die der Mongolen. Auch wenn dies eine politisch interessante Zeit war, ist sie von geringem philosophischen Interesse. In der Ming-Dynastie (1368 - 1644 n. Chr.) wurde zuerst an der Schule des Rationalismus des Zhu Xi festgehalten, welche aber mit der Zeit Konkurrenz durch die idealistische neokonfuzianische Schule des Wang Shouren bekam.

Mit der Qing-Dynastie (1644 - 1911 n. Chr.) fiel China unter die Fremdherrschaft der Mandschuren. Trotzdem erreichte China während der Qing-Dynastie einen Höhepunkt der wirtschaftlichen und politischen Entwicklung. Während der gesamten Zeit sollte der Konfuzianismus vorherrschende Philosophie bleiben, wobei es innerhalb der konfuzianischen Kreise aber unterschiedliche Strömungen gab. Die philosophischen Vorstellungen reichten vom klassischen Song- und Ming-Konfuzianismus bis hin zu Ideen der Modernisierung, wie z.B. bei Kang Youwei.

1 Buch der Wandlungen

Buch der Wandlungen

Das „Buch der Wandlungen (Yijing oder auch Zhouyi)" ist einer der ältesten Klassiker des alten China und diente ursprünglich als Handbuch der Wahrsagekunst. Dem Buch liegen vierundsechzig Orakelzeichen, die so genannten Hexagramme, zugrunde. Ein Hexagramm besteht aus sechs übereinander angeordneten Linien. Diese können unterbrochen oder durchgezogen sein. Im ersten Teil des „Buches der Wandlungen" werden die einzelnen Hexagramme und ihre Bedeutung vorgestellt. Man geht davon aus, dass dieser Teil schon im 8. Jh. v.Chr. existierte.

Der zweite Teil, der „Große Anhang" oder die „Zehn Flügel", besteht aus einer Reihe von Kommentaren und Anmerkungen, die erst später hinzugefügt wurden. Diese Kommentare und Anmerkungen sind jedoch nicht Abhandlungen zu den einzelnen Hexagrammen, sondern erläutern vielmehr die allgemeine Bedeutung des „Buches der Wandlungen".

In den Anmerkungen findet sich auch der Begriff des taiji. Er repräsentiert hier den Ursprung aller Hexagramme und damit aus philosophischer Sicht auch den Ursprung aller Dinge und Wesen im Kosmos (Achtung: taiji findet sich in der Schriftweise „Tai Chi" auch im Namen „Tai Chi Chuan" wieder). Diese frühe Verwendung des Wortes taiji ist etwas Besonderes, denn sie findet sich in der philosophischen Literatur der klassischen Periode (vor 220 v. Chr.) sonst nur bei Zhuangzi.

Mit dem Entstehen des „Großen Anhangs" diente das „Buch der Wandlungen" nicht mehr nur zur Wahrsagerei, sondern es bekam eine viel umfassendere Rolle: Es diente von nun an als Ratgeber zur Ordnung menschlicher Angelegenheiten in Politik und Gesellschaft. Da verschiedene Teile des „Buches der Wandlungen" direkt dem Konfuzius zugeschrieben wurden, nahm man es in die Reihe der „Fünf Klassiker (Wujing)" auf und es wurde so zu einer zentralen Schrift des Konfuzianismus.

Aufgrund seiner überragenden Bedeutung für die chinesische Kultur ist es nicht verwunderlich, dass sich auch im Tai Chi Chuan viele Einflüsse aus dem „Buch der Wandlungen" finden. Vor allen Dingen ist es die Strukturierung der Welt in Gegensatzpaare, welche dem taiji entspringen, und die Idee des ununterbrochenen Wandels zwischen diesen Paaren, die auch das Denken im Tai Chi Chuan prägt.

Vor langer Zeit,
als die Heiligen das Buch der Wandlungen erstellten,
folgten sie dem Prinzip der inneren Natur (xing)
und des Schicksals.
Damit errichteten sie den Weg (dao) des Himmels
und nannten ihn yin und yang.
Sie errichteten den Weg (dao) der Erde
und nannten ihn hart und weich.
Sie errichteten den Weg (dao) des Menschen
und nannten ihn Mitmenschlichkeit (ren) und das Rechte.
Diese drei Potenzen verdoppelten sie
und daher werden im Buch der Wandlungen
sechs Linien zu einem Hexagramm.

Der Himmel ist hoch, die Erde ist niedrig.
Damit ist das Schöpferische
und das Empfangende festgelegt.
Mit der Erklärung von Niedrig und Hoch
sind das Erhabene und Unbedeutende festgelegt worden.
Bewegung und Ruhe bekommen ihre Dauerhaftigkeit
und Hart und Weich werden unterschieden.

Einmal yin, einmal yang, das ist der Weg (dao).
Das, was daraus folgt, nennt man das Gute.
In der Vollendung nennt man es
die innere Natur (xing) der Dinge und Wesen.
Der Mitmenschliche, der es sieht,
nennt es das Mitmenschliche (ren).
Der Weise, der es sieht,
nennt es Weisheit.
Der gewöhnliche Mensch lebt jeden Tag damit,
aber er bemerkt es nicht.
Daher, der Weg (dao) des Edlen ist selten.
Er manifestiert sich in der Mitmenschlichkeit (ren),
verbirgt aber seine Taten.
Er belebt all die Zehntausend Dinge (wanwu),
ohne die gleichen Sorgen wie die Weisen zu haben.
Allerhöchst ist seine großartige innere Kraft (de)
und seine große Wirkung.
Dass er alles mit Reichtum erfüllt,
ist seine große Wirkung.
Dass er alles täglich erneuert,
ist seine großartige innere Kraft (de).
Erzeugen und wieder erzeugen,
das nennt man die Wandlung.

In der Wandlung ist es das taiji,
das die zwei Formen [yin und yang] hervorbringt.
Diese zwei Formen bringen die vier Embleme hervor
und die vier Embleme bringen die
Acht Trigramme (bagua) hervor.

2 Konfuzius

孔
子

Konfuzius

Konfuzius, chinesisch Kongzi, wurde 551 v. Chr. im Fürstentum Lu als Nachkomme einer verarmten Familie des niederen militärischen Adels geboren. Aufgrund der ärmlichen Verhältnisse, in denen er aufwuchs, erfolgte seine Ausbildung hauptsächlich autodidaktisch. Der Überlieferung nach wurde Konfuzius mit 20 Jahren Verwalter der öffentlichen Getreidespeicher von Lu und begann gegen Bezahlung zu unterrichten. Später wurde Konfuzius der erste „wandernde" Lehrer. Er bereiste mit vielen seiner Schüler das Land und versuchte, die Fürsten für seine Lehre zu gewinnen. Großer Erfolg stellte sich aber nicht ein. Konfuzius verstarb 479 v. Chr. ohne eine schriftliche Hinterlassenschaft. Das Werk, in dem die Aussprüche des Konfuzius gesammelt sind, heißt „Gespräche (Lunyu)" und ist von seinen Schülern nach seinem Tode aufgezeichnet worden. Obwohl Konfuzius zu Lebzeiten keinen großen Erfolg in der Verbreitung seiner Lehre hatte, ist er doch zum Wegbereiter für Generationen von Gelehrten und Philosophen geworden.

In seiner Lehre versucht Konfuzius, der Gesellschaft eine Struktur zu geben, die auf Moral und Ritualisierung beruht. Die Ordnung durch die Moral wird durch das Wort „ren" dargestellt, welches als „Mitmenschlichkeit" übersetzt werden kann. Unter Mitmenschlichkeit (ren) muss man bei Konfuzius die Summe der zwischenmenschlichen Tugenden verstehen. Darunter befinden sich z.B. die Kindespietät, das Vertrauen, die Treue, die Ehrlichkeit, die Gegenseitigkeit, die Wiederherstellung der Riten und die Gerechtigkeit. Mitmenschlichkeit (ren) ist in der Natur des Menschen angelegt, muss aber durch Erziehung und Anleitung zur Entfaltung gebracht werden. Deswegen hat sich Konfuzius in seinem Werk auch umfangreich mit dem Lernen befasst. Für ihn ist das Lernen ein lebenslanger Prozess, der niemals unterbrochen werden darf und die Grundlage der Selbstkultivierung darstellt. Im Tai Chi Chuan folgt man dieser Vorstellung und wenn man beginnt, es zu erlernen, kann Konfuzius für den Übenden genau das werden, was er schon immer für die Chinesen war: der große Lehrer.

Der Meister spricht:
Zu lernen und das Erlernte
beizeiten zu wiederholen,
ist das nicht auch erfreulich?
Wenn man Freunde hat,
die aus der Ferne kommen,
ist das nicht auch vergnüglich?
Unbekannt zu bleiben,
aber darüber nicht verärgert zu sein,
ist so nicht auch der Edle?
(I.1)

Meister Zeng spricht:
Dreimal täglich prüfe ich mein Selbst.
Bin ich in meinen Handlungen anderen gegenüber
immer treu gewesen?
Bin ich im Umgang mit meinen Freunden
immer ehrlich gewesen?
Habe ich die mir überlieferten Lehren
immer fleißig geübt?
(I.4)

Bei der Durchführung der Rituale
ist Harmonie von höchstem Wert.
Der Weg (dao) der alten Könige
bekam so seine Schönheit.
Großes und Kleines findet seine Ursache darin.
Aber man kann es nicht immer so einrichten.
Von der Harmonie wissen,
sie aber nicht durch die Rituale regeln,
das geht nicht.
(I.12)

Der Meister sagt:
Mit fünfzehn richtete ich meinen Willen
auf das Lernen aus.
Mit dreißig stand ich aufrecht.
Mit vierzig war ich nicht mehr zu verwirren.
Mit fünfzig kannte ich den Willen des Himmels.
Mit sechzig konnte ich mit den Ohren folgen.
Mit siebzig konnte ich den Wünschen meines
Herzens/Bewusstseins (xin) folgen,
ohne das Maß zu überschreiten.
(II,4)

Der Meister sagt:
Altes wiederholen und Neues kennen,
so kann man Lehrer sein.
(II, 11)

Der Meister sagt:
Lernen ohne zu denken,
das ist widersinnig.
Denken ohne zu lernen,
das ist gefährlich.
(II, 15)

Der Meister sagt:
Beim Bogenschießen ist nicht die Hauptsache,
die Mitte zu durchschießen,
da die Kräfte der Menschen unterschiedlich sind.
Dies ist der Weg (dao) der Vorfahren.
(III, 16)

Zigong sagt:
Was ich nicht mag,
was andere mir zufügen könnten,
das möchte ich auch anderen nicht zufügen.
(V, 12)

Wenn Zilu von etwas vernahm,
das er noch nicht konnte,
so fürchtete er sich nur,
noch mehr zu vernehmen.
(V, 13)

Der Meister sagt:
Von etwas zu wissen ist nicht so gut,
wie etwas gern haben.
Etwas gern haben ist nicht so gut,
wie sich an etwas zu erfreuen.
(VI, 20)

Der Meister sagt:
Maß und Mitte sind
als innere Kraft (de) das Höchste.
Unter dem Volk sind sie selten.
(VI, 27)

Der Meister sagt:
Schweigen und sich einprägen,
lernen ohne Mühe zu scheuen,
die Menschen belehren ohne müde zu werden.
Dies ist meine Art.
(VII.2)

Der Meister sagt:
Dass die innere Kraft (de) nicht kultiviert wird,
dass Erlerntes nicht für wichtig genommen wird,
dass man vom Rechten gehört hat,
aber sich nicht in seine Richtung bewegt,
dass Schlechtes nicht geändert werden kann,
darüber bin ich besorgt.
(VII,3)

Der Meister sagt:
Den Weg (dao) als Ziel haben,
sich stützen auf die innere Kraft (de),
der Mitmenschlichkeit (ren) entsprechen
und die Künste pflegen.
(VII, 6)

Der Meister sagt:
Wenn jemand nicht ganzen Willens ist,
werde ich ihn nicht unterrichten.
Wenn jemand nicht versucht, sich auszudrücken,
werde ich ihn nicht in seiner Entwicklung unterstützen.
Wenn ich jemandem eine Ecke zeige
und er kann es nicht auf die anderen drei Ecken übertragen,
werde ich es nicht wiederholen.
(VII, 8)

Meister Zeng sagt:
Fähig sein und doch noch denjenigen fragen,
der nicht soviel kann.
Viel haben und doch noch denjenigen fragen,
der nicht so viel hat.
Besitzen, aber besitzlos erscheinen.
Voll (shi) sein, aber leer (xu) erscheinen.
Angegriffen werden, aber nicht streiten.
Früher hatte ich einen Freund,
der in seinen Angelegenheiten so verfuhr.
(VIII, 5)

Der Meister sagt:
Lernen, als ob man nicht heranreicht.
Gleich so, als ob man fürchtet,
es zu verlieren.
(VIII. 17)

Yan Hui sagte mit einem tiefen Seufzer:
Wenn ich nach oben schaue,
erscheint es um so höher.
Wenn ich hinein bohre, erscheint es um so härter.
Ich sehe es vor mir und plötzlich ist es hinter mir.
Der Meister leitet die Menschen
mit Geschick und Geduld an.
Er hat mein Selbst durch
das Kulturelle (wen) erweitert.
Er hat mein Selbst durch die Riten eingeschränkt.
Auch wenn ich damit aufhören wollte,
es geht nicht.
Auch wenn ich meine Kräfte erschöpfe,
es steht wieder über mir.
Auch wenn ich ihm unbedingt folgen will,
es gibt keine Möglichkeit dazu.
(IX, 10)

Der Meister sagt:
Es ist wie bei einem Hügel.
Wenn jemand ihn bis auf einen Korb voll aufgeschüttet hat,
aber dann unterbricht,
dann rege ich mich nicht.
Es ist wie bei flacher Erde.
Wenn jemand auch nur ein Korb voll ausgeschüttet hat,
aber dann fortfährt,
dann werde ich helfen.
(IX, 19)

Ordnen durch Nicht-Handeln (wuwei),
so war Shun.
(XV, 5)

3 Laozi

Laozi

Neben Konfuzius ist Laozi – sein Name bedeutet wörtlich „alter Meister" – eine der berühmtesten Figuren der chinesischen Philosophie. Im Gegensatz zu Konfuzius weiß man über das Leben des Laozi so wenig, dass oft angenommen wird, er habe als Person nicht existiert. Die berühmteste Geschichte über Laozi erzählt uns, er sei im 6. Jh. v. Chr. Archivist am Hofe der Zhou gewesen.

Unzufrieden mit dem Zustand der Regierung trat er von seinem Posten zurück und verließ auf einem schwarzen Ochsen reitend das Land. Beim Überschreiten des Hangu-Passes bat der Passwächter Yin Xi ihn, etwas Schriftliches zu hinterlassen. Laozi stimmte dem Wunsch zu und schrieb auf der Stelle das Daodejing (Taoteking). Daraufhin setzte er seine Reise fort und niemand weiß, was aus ihm geworden ist.

Das Daodejing ist von grundlegender Bedeutung für die chinesische Philosophie. Hier erweitert Laozi z.B. die Bedeutung des Begriffes „Weg (dao)" wesentlich. Einerseits wird der Weg (dao) zum allgemeinsten und grundlegendsten Ordnungs- und Bewegungsprinzip des Naturgeschehens. Anderseits ist der Weg (dao) etwas, zu dem der Mensch durch Versenkung in das innere Selbst gelangen kann, also eine Art individualethisches Prinzip, das auf Einsicht in den natürlichen Gang der Dinge beruht.

Neben dem Weg (dao) ist der Begriff „innere Kraft (de)" eines der Schlüsselkonzepte des Laozi. „De" hatte ursprünglich einfach die Bedeutung „Kraft" oder „Fähigkeit". Bei Laozi wird daraus eine innere Kraft, die vom Weg (dao) ausgeht und durch das Prinzip des Nicht-Handelns (wuwei) wirkt. Im Konfuzianismus versteht man unter „de" eine dem Menschen innewohnende, moralische Kraft, die oft mit „Tugend" übersetzt wird.

Laozi gilt als der Meister der Lehre vom Gegenteil. Gerade die Einführung dieses Prinzips zur Lösung von Konfliktsituationen hat das

Tai Chi Chuan tief geprägt. Wie bei Laozi hat im Tai Chi Chuan das sich Zurückhalten und das weiche Nachgeben den Vorrang.

Die dazu notwendige tiefe Selbsterkenntnis und die Entwicklung einer inneren Kraft ist im Tai Chi Chuan – wie auch bei Laozi – ein wichtiges Thema. Hat man diese Fähigkeiten erreicht, kann man Konfliktsituationen schon im Stadium des Entstehens leiten und steuern und so findet sich geradezu ganz natürlich eine Lösung.

Wer andere kennt, ist weise.
Wer sich selbst kennt, ist erleuchtet.
Wer andere bezwingt, hat Kraft.
Wer sich selbst bezwingt, hat Stärke.
Wer sich begnügt, hat Reichtum.
Wer stark ist im Handeln, hat Willenskraft.
Wer seinen Platz nicht verliert, hat Dauer.
Wer stirbt, aber nicht vergessen wird, lebt ewig.
(Vers 33)

Was man verengen will, muss man zuerst erweitern.
Was man schwächen will, muss man zuerst stärken.
Was man fallen lassen will, muss man zuerst erheben.
Wo man nehmen will, muss man zuerst geben.
Dies bedeutet, das Tiefgründige erkennen.
Das Weiche besiegt das Harte.
Das Schwache besiegt das Starke.
Der Fisch darf nicht die Tiefe des Wassers verlassen.
Die scharfen Waffen des Reiches
darf man nicht den Menschen zeigen.
(Vers 36)

Das Allerweichste der Welt bezwingt
das Allerhärteste der Welt.
Das Nicht-seiende durchdringt das Lückenlose.
Daher weiß ich vom Wert des Nicht-Handelns (wuwei).
Das Lehren ohne Worte.
Das Wertschätzen des Nicht-Handelns (wuwei).
In der Welt erreichen solches nur wenige.
(Vers 43)

Was ruht, ist leicht zu halten.
Was noch nicht ist, ist leicht zu lenken.
Was spröde ist, ist leicht zu teilen.
Was gering ist, ist leicht zu zerstreuen.
Handle, solange es noch nicht ist.
Regele, solange es noch nicht verwirrend ist.
Der gewaltige Baum entwickelt sich aus einem Sprößling.
Der neunstöckige Turm fängt mit einem Häufchen Erde an.
Eine Reise von tausend Meilen beginnt mit einem Schritt.
Wer handelt, verdirbt es.
Wer ergreift, verliert es.
Darum handelt der Weise nicht und verdirbt es nicht.
Er ergreift nichts und verliert daher nichts.
Die Menschen in ihren Angelegenheiten, kurz vor der
Vollendung verderben sie es.
Bedenkt man das Ende
wie den Anfang, wird nichts verdorben.
Darum begehrt der Weise, nicht zu begehren.
Schätzt nicht schwer zu bekommende Güter.
Lernt, nicht zu lernen.
Erlangt das wieder,
was die Menschen hinter sich gelassen haben.
So verhilft er den Zehntausend Dingen (wanwu)
zu ihrer Natürlichkeit (ziran),
aber wagt nicht zu handeln.
(Vers 64)

Ein guter Feldherr ist nicht kämpferisch (wu).
Ein guter Kämpfer ist nicht wütend.
Ein guter Bezwinger des Feindes
ist nicht streitsüchtig.
Ein guter Führer der Menschen
stellt sich unter sie.
Das ist die innere Kraft (de) des Nichtstreitens.
Das ist die Kraft der Menschenführung.
Das ist dem Höchsten des Himmels entsprechen.
(Vers 68)

Für den Einsatz von Bewaffneten
gibt es ein Sprichwort:
Ich wage nicht, der Hausherr zu sein,
sondern bin lieber der Gast.
Ich wage nicht, einen Zoll vorzudringen,
sondern weiche lieber einen Fuß zurück.
Das ist gehen ohne zu gehen.
Sich widersetzen ohne Arme.
Niederwerfen ohne zu kämpfen.
Durchführen ohne Waffen.
Es gibt kein größeres Übel,
als den Feind zu leicht zu nehmen.
Den Feind zu leicht zu nehmen,
das ist schon fast der Verlust meiner Schätze.
Deswegen, wo sich zwei gleiche Gegner messen,
siegt der Mitfühlende.
(Vers 69)

Nichts in der Welt ist so weich
und schwach wie das Wasser.
Aber im Angriff auf Hartes und Starkes gibt es nichts,
das es übertreffen könnte.
Durch sein Nicht-sein fällt es ihm leicht.
Das Schwache besiegt das Starke.
Das Weiche besiegt das Harte.
Es gibt niemanden in der Welt, der das nicht wüsste.
Aber keinen, der danach handelt.
Daher sagt der Weise:
Wer eines Landes Schmutz auf sich nimmt,
der sei der Herr der Schreine.
Wer eines Landes Not auf sich nimmt,
der sei der König der Welt.
Wahre Worte sind wie ihr Gegenteil.
(Vers 78)

4 Sunzi

孫子

Sunzi

Im chinesischen Denken wurde der Krieg schon immer mit Skepsis betrachtet. Trotzdem spielt er eine nicht unbedeutende Rolle in der klassischen chinesischen Philosophie. Fast alle großen Philosophen haben sich auch mit diesem Thema beschäftigt. Dies deckt sich mit der traditionellen chinesischen Vorstellung, dass es in der Philosophie keine Trennung zwischen Theorie und Praxis geben sollte. Für die Praxis der Kriegsführung gilt, dass auch sie den von der Philosophie erkannten Gesetzen des Kosmos folgen muss. Nur durch die Einsicht in diese Gesetze kann die Kriegsführung erfolgreich werden.

Parallel zu den Philosophen, die über Kriegsführung spekulierten, finden sich im alten China Militärstrategen, die auf der Basis der philosophischen Erkenntnisse ihr Handwerk im Dienste eines Herrschers ausübten. Die Schriften dieser Militärstrategen werden in China auch unter Philosophie klassifiziert, wie z.B. im kaiserlichen Katalog „Die Geschichte der Han-Dynastie".

Der größte und bekannteste dieser Strategen war Sunzi, mit vollem Namen Sun Wu. Er lebte als Zeitgenosse des Konfuzius und hinterließ das Werk „Meister Sun: Die Kunst des Krieges (Sunzi Bingfa)". Wenn der Philosoph Laozi als der Meister der Lehre vom Gegenteil gilt, ist der Stratege Sunzi der Meister seiner Anwendung in der Kriegskunst. Sein ganzes Werk wird von eben diesem Gedanken durchdrungen. Die meisten der großen Tai Chi-Meister hatten als Kampfkünstler engen Kontakt zum Militär. So ist es anzunehmen, dass sie das Werk des Sunzi intensiv studiert haben. Es muss also nicht verwundern, wenn die Strategie des Tai Chi Chuan der des Sunzi sehr ähnlich ist.

Sunzi sagt:
Der Krieg ist für das Reich
von entscheidender Bedeutung,
eine Angelegenheit auf Leben und Tod
und der Weg (dao) zu Überleben oder Ruin.
Daher ist es notwendig,
ihn gewissenhaft zu studieren.

Der Weg (dao) des Krieges
ist die Täuschung.
Daher gilt:
Ist man bereit, zeige man sich unvorbereitet.
Ist man nah, erscheine man fern.
Ist man fern, erscheine man nah.
Ist der Andere im Vorteil, verführe ihn.
Ist er in Unordnung, überwältige ihn.
Ist er voll (shi), sei auf ihn vorbereitet.
Ist er stark, vermeide ihn.
Ist er wütend, gebe nach.
Ist er zurückhaltend, erscheine überheblich.
Ist er ausgeruht, belästige ihn.
Ist er innerlich vereint, spalte ihn.
Greife an, wo er nicht vorbereitet ist.
Erscheine, wo er es nicht erwartet.

Die Kunst des Krieges ist folgendes:
Das eigene Land heil zu erhalten ist besser,
als das des Anderen zu zerstören.
Die eigene Armee heil zu erhalten ist besser,
als die des Anderen zu zerstören.
Ein eigenes Regiment, eine Abteilung,
oder eine Fünf-Mann-Truppe zu erhalten ist besser,
als eine solche des Anderen zu zerstören.

Daher,
in hundert Schlachten hundert Siege zu erringen,
ist nicht das Allerbeste.
Den Anderen ohne Kampf zu unterwerfen,
das ist das Allerbeste.
Wer den Anderen kennt und sich selbst kennt,
wird in hundert Schlachten ohne Gefahr sein.
Wer den Anderen nicht kennt, aber sich selbst kennt,
wird einmal siegen und einmal verlieren.
Wer den Anderen nicht kennt und sich selbst nicht kennt,
der wird in jeder Schlacht verlieren.

Bereitet sich der Andere vorne vor, schwächt er sich hinten.
Bereitet sich er hinten vor, schwächt er sich vorne.
Bereitet sich er links vor, schwächt er sich rechts.
Bereitet sich er rechts vor, schwächt er sich links.
Bereitet er sich überall vor, ist er überall geschwächt.

Der Einsatz der Armee gleicht dem Wasser.
Wasser vermeidet die Höhe und fließt hinab.
Beim Einsatz der Armee vermeidet man das Volle (shi)
und schlägt in die Leere (xu).
Wasser folgt dem Gelände und bekommt so seinen Fluss.
Eine Armee, die dem Feind folgt, erlangt so den Sieg.
So wie eine Armee keine feste Macht hat,
hat Wasser keine feste Form.
Wenn man dem Gegner folgen kann,
ist die Umwandlung und der Sieg phantastisch.

5 Zhuangzi

莊子

Zhuangzi

Zhuangzi gilt als der zweite große Daoist und ist ein außergewöhnlich interessanter Denker. Er lebte vermutlich in der Zeit um 350 v. Chr., seine genauen Lebensdaten sind aber nicht bekannt. Man sagt über ihn, dass er sehr bescheiden gewesen sein soll und des Öfteren hohe Ämter ausgeschlagen habe. Das nach ihm benannte Buch Zhuangzi (auch „Das wahre Buch vom südlichen Blütenland") ist wahrscheinlich zum Teil von ihm selbst geschrieben. Im Gegensatz zu den orakelhaften Sprüchen des Laozi wurden seine – oft auch humorvollen – Gedanken in Erzählungen, Gleichnissen und kleinen Anekdoten festgehalten.

Ein wichtiges Thema im Zhuangzi ist das Nicht-Handeln (wuwei). Dabei heißt Nicht-Handeln (wuwei) ein nicht Zuviel, aber auch ein nicht Zuwenig an Handlung. Wenn man dies erreicht, nähert man sich dem Weg (dao) und wird zum wahren Menschen. Der wahre Mensch zeichnet sich dadurch aus, dass sein Geist ruhig und leer ist, er nicht für den äußeren Nutzen lebt und so die volle Spanne seines Lebens ausschöpfen kann. Diese Gedanken sind auch im Tai Chi Chuan von großer Bedeutung. Zhuangzi, als eine der Säulen der chinesischen Philosophie, ist ein unbedingtes Muss für jeden Freund des Tai Chi Chuan.

Ich habe gehört,
dass man die Welt bestehen
und so sein lassen soll.
Ich habe nie davon gehört,
dass die Welt geordnet werden muss.
Die Welt bestehen lassen, das heißt befürchten,
dass sie sonst über ihre innere Natur (xing) hinausgeht.
Die Welt so sein lassen, das heißt befürchten,
dass sonst ihre innere Kraft (de) verändert wird.
Wenn die Welt über ihre innere Natur (xing) nicht hinausgeht
und ihre innere Kraft (de) nicht verändert wird,
wieso muss dann die Welt noch geordnet werden?
In alten Zeiten, als König Yao die Welt ordnete,
sorgte er dafür, dass alle überglücklich waren
und sich an ihrer inneren Natur (xing) erfreuten.
So gab es keine Ruhe mehr.
Als König Jie die Welt ordnete, sorgte er dafür,
dass alle völlig überanstrengt waren
und ihrer innere Natur (xing) Schaden zufügten.
So gab es keine Fröhlichkeit mehr.
Ohne Ruhe und Fröhlichkeit zu sein,
ist das Gegenteil der inneren Kraft (de).
Dass etwas ohne innere Kraft (de) von langer Dauer ist,
gibt es in der Welt nicht.
Wer zu glücklich ist,
der stößt an die Grenzen des yang.
Wer völlig überanstrengt ist,
stößt an die Grenzen des yin.
(aus Kapitel 11)

Das menschliche Leben ist endlich.
Das Wissen ist unendlich.
Mit etwas Endlichem etwas Unendliches verfolgen,
das ist gefährlich.
Dies zu wissen und trotzdem nach Wissen zu trachten,
das ist noch gefährlicher.
Wenn man Gutes tut,
muss der Ruhm nicht unbedingt nahe sein.
Wenn man Schlechtes tut,
muss die Strafe nicht unbedingt nahe sein.
Wer sich aber an das Überlieferte hält,
wird seinen Körper schützen,
sein Leben heil erhalten, seine Verwandtschaft versorgen
und die Zahl seiner Jahre ausschöpfen.
(aus Kapitel 3)

Nanbo Ziqi wanderte in Shangqiu, als er einen großen Baum sah, der recht erstaunlich war. Tausend Vierspänner konnten unter ihm Schutz finden.

Ziqi sagte: „Was für ein Baum ist das? Muss er nicht aus außergewöhnlichem Holz sein?"

Aufblickend sah er die feinen Äste, die so krumm waren, dass man aus ihnen keine Balken machen konnte. Nach unten blickend sah er die großen Wurzeln, die so knorrig waren, dass man keine Särge aus ihnen machen konnte. Leckte man an seinen Blättern, brannte und schmerzte der Mund. Wenn man an ihm roch, war man drei Tage lang völlig berauscht.

Ziqi sagte: „Dieser Baum ist wirklich zu nichts nutze. Aber gerade dadurch ist er so groß geworden. Ach, der Heilige, er ist wie jener unütze."
(aus Kapitel 4)

Als Tian Kaizhi den Herzog Wei von Zhou besuchte, sagte dieser: „Ich habe gehört, dass Zhu Shen die Kunst des Lebens studiert hat. Ihr, Meister, der ihr Umgang mit ihm hattet, könnt ihr mir etwas davon erzählen?"

Tian Kaizhi sagte: „Ich habe nur mit einem Besen vor dem Tor den Boden gefegt. Wie sollte ich da etwas vom Meister gehört haben?"

Der Herzog sagte: „Meister Tian, seien sie doch nicht so bescheiden. Wir wünschen wirklich, etwas zu hören."

Tian Kaizhi sagte: „Ich hörte meinen Meister sagen: Sein Leben gut zu pflegen (yangsheng) ist, wie Schafe hüten. Sieht man Nachzügler, dann treibt man sie mit der Gerte an."

Der Herzog fragte: „Was bedeutet das?"

Tian Kaizhi sagte: „Im Staate Lu gab es einen Mann namens Shan Bao. Er lebte in Höhlen, trank Wasser, suchte nicht nach weltlichem Gewinn und er glich noch einem kleinen Kind. Unglücklicherweise traf er auf einen hungrigen Tiger. Der hungrige Tiger tötete und fraß ihn. Es gab auch einmal einen Zhang Yi. Unter den Reichen wie unter den Armen gab es niemanden, der nicht mit ihm Umgang hatte. Als er vierzig Jahre alt war, starb er an einem inneren Fieber. Shan Bao pflegte sein Inneres, aber ein Tiger fraß sein Äußeres. Zhang Yi pflegte sein Äußeres, aber eine Krankheit arbeitete in seinem Innern. Diese zwei, sie beide haben nicht ihre Nachzügler angetrieben."
(aus Kapitel 19)

Ji Shengzi richtet für den König einen Kampfhahn ab. Nach zehn Tagen fragte der König: „Ist der Hahn schon für den Kampf bereit?"

Ji sagte: „Noch nicht. Er ist noch stolz und arrogant."

Nach weiteren zehn Tagen fragte der König erneut und Ji sagte: „Noch nicht. Er reagiert noch auf Laute und auf den Anblick der Umgebung." Nach weiteren zehn Tagen fragte der König erneut und Ji sagte: „Noch nicht. Er hat noch den Fehler des unsteten Blicks und der Eitelkeit."

Nach weiteren zehn Tagen fragte der König erneut und Ji sagte: „Es ist jetzt soweit. Auch wenn andere Hähne krähen, wird er sich nicht davon beeinflussen lassen. Auf den ersten Blick erscheint er wie ein Hahn aus Holz. Seine innere Kraft (de) ist vollendet. Andere Hähne wagen es nicht, ihn herauszufordern. Sie drehen sich um und laufen davon."
(aus Kapitel 19)

Vor vielen Jahren erfreute sich der König Wen von Zhao so sehr an der Schwertkunst, dass sich innerhalb seiner Tore mehr als dreitausend Schwertkämpfer fanden. Tag und Nacht kämpften sie vor ihm und auch wenn in einem Jahr mehr als hundert tödlich verletzt wurden, verging seine Freude daran nicht. Nach drei Jahren fing das Reich an zu verfallen und die Lehensfürsten begannen sich zu verschwören.

Der Kronprinz Li war sehr besorgt und sprach zu seinen versammelten Gefolgsleuten: „Wer sagen kann, wie man den König dazu bringen kann, von seinen Schwertkämpfern zu lassen, der bekommt tausend Goldmünzen."

Die Gefolgsleute antworteten: „Zhuangzi kann dies."

Sogleich schickte der Kronprinz Gesandte aus, Zhuangzi höflich tausend Goldmünzen anzubieten. Zhuangzi lehnte ab, folgte aber den Gesandten, um den Kronprinzen zu treffen und fragte ihn: „Was kann ich für Euch tun, dass Ihr mir soviel Gold anbietet?"

Der Kronprinz antwortete: „Ich hörte, Ihr seid ein erleuchteter Weiser. Das respektvolle Angebot von tausend Goldmünzen war für Eure Gefolgsleute gedacht. Ihr aber habt es abgelehnt. Was könnte ich noch sagen?"

Zhuangzi sagte: „Ich hörte, der Kronprinz möchte, dass ich den König von seiner Leidenschaft abbringe. Wenn meine Worte dem König zuwider sind und dem Kronprinzen mißfallen, dann werde ich bestraft und getötet. Warum sollte ich das Angebot des Goldes wegen schätzen? Wenn meine Worte aber vom König angenommen werden und dem Kronprinzen angemessen erscheinen, dann gäbe es im Königreich Zhao nichts, das ich nicht erbitten könnte."

Der Kronprinz antwortete: „So ist es, aber der König möchte nur Schwertkämpfer sehen."

Zhuangzi sagte: „Ja, gewiss, aber auch ich bin gut im Umgang mit dem Schwert."

Der Kronprinz sagte: „Aber die Schwertkämpfer, die der König sehen will, haben zerzaustes Haar, wilde Locken, herabhängende Hüte, wilde ungepflegte Troddeln, knappe Kleidung, zornige Blicke und eine beleidigende Sprache. Und nur so mag sie der König. Wenn Ihr jetzt aber dem König in einer Gelehrtenrobe gegenübertretet, wird es misslingen."

Zhuangzi sagte: „Bitte bringt mir die Kleidung der Schwertkämpfer."

Drei Tage, nachdem er die Kleidung eines Schwertkämpfers erhalten hatte, traf Zhuangzi den Kronprinzen. Der Kronprinz ging mit ihm, den König zu treffen. Der König wartete auf sie mit dem blanken Schwert. Zhuangzi ging ohne Eile in den Palast und trat dem König, ohne Ehrerbietung zu zeigen, gegenüber.

Der König sagte: „Was wünscht Ihr uns zu lehren, der Ihr durch den Kronprinzen eingeführt werdet?"

Zhuangzi sagte: „Euer Untertan hörte, dass Ihr die Schwertkunst sehr mögt. Daher möchte ich Euch meine Schwertkunst zeigen."

Der König sagte: „Wie wendet Ihr Euer Schwert an, um den Gegner zu schlagen?"

Zhuangzi sagte: „Die Schwertkunst Eures Untertans kann alle zehn Schritt einen Anderen schlagen. Auf tausend Meilen kann keiner widerstehen."

Der König sagte erfreut: „Dann gibt es nirgends einen Feind für Euch."

Zhuangzi sagte: „In meiner Schwertkunst zeige ich meine

Leere (xu) und gebe den Vorteil ab. Danach greife ich an und treffe zuerst. Ich würde es gerne einmal hier probieren."

Der König sagte: „Wir möchten etwas ruhen. Wartet auf meinen Befehl. Wir haben einen Wettkampf angeordnet. Zu dem laden wir auch Euch ein."

Der König ließ die Schwertkämpfer sich sieben Tage lang messen. Sechzig von ihnen wurden verletzt oder getötet. Fünf oder sechs der Kämpfer wurden mit ihrem Schwert vor den Palast gebeten und dann wurde Zhuangzi gerufen.

Der König sagte: „Heute lade ich Euch ein, es einmal mit diesen Kämpfern zu probieren."

Zhuangzi sagte: „Darauf habe ich schon gewartet."

Der König fragte: „Wie werdet ihr Euch verteidigen, mit einem langen oder einem kurzen Schwert?"

Zhuangzi sagte: „Für Euren Untertan gehen alle Schwerter. Aber ich habe drei Schwerter und Ihr mögt doch bitte entscheiden, welches ich benutzen soll. Zuerst möchte ich aber etwas dazu sagen. Danach werde ich kämpfen."

Der König sagte: „Laßt uns von den drei Schwertern hören."

Zhuangzi sagte: „Ich habe das Schwert des Kaisers, das Schwert des Fürsten und das Schwert des gewöhnlichen Mannes."

Der König fragte: „Wie ist das Schwert des Kaisers?"

Zhuangzi sagte: „Das Schwert des Kaisers hat die Yanxi-Schluchten und die Shicheng-Berge als Schneide. Den Berg Tai in Qi als Klinge. Die Reiche Jin und Wei als Rückgrat. Die Reiche Zhou und Song als Handschutz. Die Reiche Han und Wei als Griff. Umhüllt von den vier Stämmen an den Grenzen des

Reiches und den vier Jahreszeiten. Umschlossen durch das Bohai-Meer. Umgeben mit dem Heng-Gebirge. Es herrscht durch die fünf Wandlungsphasen (wuxing) und richtet durch Strafe und Güte. Es entfaltet sich durch yin und yang, erhält sich durch Frühling und Sommer und wandelt sich durch Herbst und Winter. Nichts besteht vor diesem Schwert, ganz gleich ob von oben, unten oder von der Seite. Oben gleich wie die Wolken ziehend. Unten die Erde zerteilend. Wird dieses Schwert erst einmal gezogen, werden Fürsten kontrolliert und die ganze Welt unterworfen. Das ist das Schwert des Kaisers."

Erstaunt fragte der König Wen: „Was ist das Schwert des Fürsten?"

Zhuangzi sagte: „Das Schwert des Fürsten hat Männer von Intelligenz und Tapferkeit als Schneide. Männer von Ehrlichkeit als Klinge. Männer von Tugend und Exzellenz als Rückgrat. Männer von Treue und Weisheit als Handschutz und Männer von heldenhaften Fähigkeiten als Griff. Auch vor diesem Schwert besteht nichts, ganz gleich, ob von vorne, oben, unten oder von der Seite. Oben, wie das Gesetz des runden Himmels. Der Sonne, dem Mond und den Sternen folgend. Unten, wie das Gesetz der rechteckigen Erde. Den vier Jahreszeiten folgend. In der Mitte in Harmonie mit dem Willen des Volkes und es entsteht Friede im Land. Wird dieses Schwert erst einmal gezogen, erschüttert es wie ein lauter Donnerschlag. Innerhalb der vier Richtungen gibt es niemanden, der nicht den Befehlen des Herrschers folgen würde. Das ist das Schwert des Fürsten."

Der König fragte: „Und was ist das Schwert des gewöhnlichen Mannes?"

Zhuangzi sagte: „Das Schwert des gewöhnlichen Mannes wird getragen von Leuten mit zerzaustem Haar, wilden Locken, herabhängenden Hüten, wilden ungepflegten Troddeln, knapper Kleidung, zornigen Blicken und einer beleidigenden

Sprache. Sie kämpfen für das Publikum, schlagen sich ihre Köpfe ab oder stechen sich in Leber und Lunge. Das ist das Schwert des gewöhnlichen Mannes. Er ist wie der Kampfhahn. Ist sein Leben erst einmal beendet, ist er für das Reich nicht mehr von Bedeutung. Eure Majestät hat den Rang eines Kaisers, liebt aber das Schwert des gewöhnlichen Mannes. Nach der bescheidenen Ansicht eures Untertans ist das für seine Majestät würdelos."

Der König führte Zhuangzi in den Palast, ließ Essen auftischen und ging dreimal im Kreis.

Zhuangzi sagte: „Großer König, setzt Euch doch hin und beruhigt Euch. Mein Bericht für Euch über das Schwert ist zu Ende."

Hiernach verließ der König für drei Monate nicht seinen Palast. Die Schwertkämpfer aber folgten dem Befehl und töteten sich selbst.
(Kapitel 30)

6 Wuzi

吳子

Wuzi

Der Stratege Wuzi (ca. 440 -381 v. Chr.) wird allgemein als Chinas erster großer General anerkannt. Oft kämpfte er gegen eine große Übermacht des Feindes und trotzdem wurde er nie besiegt. Das Werk Wuzi ist wahrscheinlich von ihm selbst entworfen, aber erst von seinen Schülern zusammengefasst und veröffentlicht worden.

In seinem Werk beschäftigt sich Wuzi damit, wie man einen stabilen und dauerhaften Staat bilden kann. Er ist der Meinung, dass zivile und militärische Aspekte der Staatsführung gleich wichtig sind. Nur wenn beide ausreichend berücksichtigt werden, kann ein Staat gedeihen. Desweiteren führt er aus, wie das Militär zu führen sei. Er berücksichtigt dabei praktisch alle Aspekte, von den Kriegsvorbereitungen bis zu konkreten Taktiken im Kampf. Wenn man von Sunzi sagt, dass sein Denken daoistische Wurzeln habe, so gilt dagegen der Stratege Wuzi als der Konfuzianer unter den Strategen und er behauptet dies auch von sich selbst. In den „Historischen Aufzeichnungen (Shiji)" heißt es zu den beiden, dass – wann immer man über militärische Dinge diskutierte – die beiden Namen Sunzi und Wuzi zusammen erwähnt wurden.

Wer Tai Chi Chuan lernt, übt eine alte chinesische Kampfkunst. Und doch stehen die meisten Freunde des Tai Chi Chuan dem Einsatz von Gewalt skeptisch gegenüber. Diese Skepsis findet sich auch in den Texten der Strategen des alten China. Obwohl gerade sie für die Kriegsführung zuständig waren, warnen sie immer wieder, dass Gewalt nur das letzte aller Mittel sein darf. Wuzi stellt hierfür ein gutes Beispiel dar.

Wuzi sagt:
Unter dem Weg (dao) versteht man
die Rückwendung zu den Wurzeln
und die Rückkehr zum Ursprünglichen.
Unter dem Rechten versteht man
richtiges Handeln und Verdienste erringen.
Unter den Plänen versteht man,
Schädliches zu vermeiden und Vorteilhaftes zu erreichen.
Unter dem Grundlegenden versteht man,
das Erworbene zu schützen und das Bestehende zu bewahren.
Wenn die Handlungen nicht mit
dem Weg (dao) übereinstimmen
und das Verhalten sich nicht mit dem Rechten deckt,
so mag man auch noch so hochgestellt
und von hohem Rang sein,
man wird doch von Unglück befallen.
Darum befriedet der Weise die Menschen
durch den Weg (dao),
regelt sie durch das Rechte,
bewegt sie durch das Ritual
und befriedet sie durch die Mitmenschlichkeit (ren).
Wo diese vier inneren Kräfte (de) kultiviert werden blüht es.
Wo sie mißachtet werden folgt der Niedergang.

Im Krieg ist siegen leicht,
aber den Sieg bewahren,
das ist schwer.
Daher wird gesagt,
dass dasjenige Reich auf dieser Welt, welches Krieg führt
und fünf Siege erringt, von Unglück befallen wird.
Dasjenige, welches vier Siege erringt, wird erschöpft sein.
Dasjenige, welches drei Siege erringt, wird Besatzer.
Dasjenige, welches zwei Siege erringt, wird König.
Dasjenige, welches einen Sieg erringt, wird Kaiser.
Daher gibt es in der Welt wenige,
die eine große Zahl an Siegen erringen,
aber derer, die untergegangen sind, gibt es viele.

Das Kulturelle (wen)
und das Kämpferische (wu)
in sich zusammenzubringen,
das ist die Aufgabe des Generals.
Das Harte und das Weiche in sich zu vereinen,
das ist die Angelegenheit des Soldaten.
Wenn im allgemeinen über den General diskutiert wird,
dann wird nur auf den Mut geschaut.
Aber der Mut ist nur eine
unter den Eigenschaften des Generals.
Der Mutige wird leichtfertig in die Schlacht gehen.
Leichtfertig in die Schlacht gehen,
ohne zu wissen, ob man im Vorteil ist,
das geht so nicht.

7 Innere Übung

内業

Innere Übung

„Innere Übung (Neiye)" ist einer der ältesten daoistischen Texte zur inneren Kultivierung und ein wichtiger Vorläufer zur Praxis der Lebenspflege (yangsheng). Er findet sich in einer Textsammlung, die mit Guanzi bezeichnet wird und etwa aus dem Jahr 300 v. Chr. stammen soll. Der Text selber scheint aber sehr viel älter zu sein. Die „Innere Übung" stützt sich auf die daoistische Kosmologie und gibt Anleitung zur Entwicklung von Körper und Geist, zur Ernährung, zur Atmung und zur Anwendung des qi. Eine strikte Trennung zwischen körperlichen und mentalen Aspekten findet sich dabei nicht. So bezieht sich z.B. der Begriff „ausrichten" auf das Herz/Bewusstsein (xin) und das qi, aber auch auf den Körper oder die Gliedmaßen.

Die übende Person wird als Ganzes betrachtet und das Üben bezieht sich auf Körper und Geist. Diese Tradition der Lebenspflege (yangsheng) ist in das Tai Chi Chuan eingeflossen. Liest man die „Innere Übung", so hat man manchmal den Eindruck, man habe einen Tai Chi-Klassiker vor sich. Ein wirklich spannender Text mit vielen Anregungen für den Tai Chi-Übenden.

Nur wenn man ausgerichtet und ruhig ist,
kann man auch gefestigt sein.
Ein gefestigtes Herz/Bewusstsein (xin) in der Mitte.
Augen und Ohren scharf und klar,
die vier Gliedmaßen stark und fest.
So kann man die Essenz (jing) beherbergen.
Die Essenz (jing) ist das Feine des qi.
Wenn das qi frei fließt,
dann gibt es Leben.
Wenn es Leben gibt,
dann gibt es Nachdenken.
Wenn es Nachdenken gibt,
dann gibt es Wissen.
Wenn es Wissen gibt,
dann muss man anhalten.
Wenn im Herz/Bewusstsein (xin)
zuviel Wissen ist,
verliert man sein Leben.

Wenn die äußere Form nicht ausgerichtet ist,
dann kann sich die innere Kraft (de) nicht entwickeln.
Wenn man in der Mitte nicht ruhig ist,
kann das Herz/Bewusstsein (xin) nicht geordnet sein.
Richte die äußere Form aus und
achte auf die innere Kraft (de).
So wird man es nach und nach erlangen.

Wenn man ausgerichtet und ruhig ist,
dann wird die Haut gesund und geschmeidig sein.
Augen und Ohren sind scharf und klar.
Die Muskeln sind locker und die Knochen hart.
So kann man den großen Kreis [des Himmels] stützen
und das große Rechteck [der Erde] abschreiten.
Man spiegelt in großer Reinheit wider.
Man erscheint in großer Klarheit.

Sorgfältig sein, ohne es zu übertreiben.
Täglich seine innere Kraft (de) erneuern.
Alles von dieser Welt wissen.
Alles in den vier Richtungen untersuchen.
Aufmerksam seine Fülle entwickeln.
Das nennt man „Inneres erhalten".
Wenn man es so macht, aber nicht zurückkehrt,
dann wird es jedoch ein Zuviel im Leben.

Zum Weg (dao):
Man muss einkreisen, man muss zusammenziehen.
Man muss erweitern, man muss strecken.
Mann muss stärken, man muss beharrlich sein.
Halte fest am Kostbaren und gib es nicht auf.
Vertreibe das Übermaß und lasse ab vom Mangel.
Sobald man das Äußerste erreicht hat,
kehrt man zum Weg (dao)
und zur inneren Kraft (de) zurück.

Zum Leben der Menschen:
Der Himmel gibt ihm seine Essenz (jing).
Die Erde gibt ihm seine äußere Form.
Vereinigt ergeben sie den Menschen.
In Harmonie miteinander ergeben sie das Leben.
Ohne Harmonie kein Leben.
Wenn man den Weg (dao) der Harmonie untersucht:
Seine Essenz (jing) kann man nicht sehen.
Hinweise zu ihm gibt es nicht viele.
Ausgeglichenheit und ausgerichtet sein im Sinn haben.
So wird er in das Herz/Bewusstsein (xin) sinken.
Durch dieses erreicht man ein langes Leben.

8 Das Große Lernen

大學

Das Große Lernen

Das „Große Lernen (Daxue)" erschien zunächst im 1. Jh. v. Chr. im konfuzianischen „Buch der Riten (Liji)". In den darauf folgenden Jahrhunderten fand das „Große Lernen" in der chinesischen Philosophie keine besondere Beachtung. Dies sollte sich mit Zhuxi, dem großen neokonfuzianischen Philosophen der Song-Zeit (960 - 1279 n. Chr.) ändern. Dieser beschäftigte sich lange Jahre intensiv mit dem „Großen Lernen" und schrieb zu jedem einzelnen Satz einen Kommentar. Damit trat es in den Vordergrund der neokonfuzianischen Philosophie. Zusammen mit dem Buch von „Maß und Mitte", den „Gesprächen" und dem Mencius bildete es von nun an die „Vier Bücher (Sishu)", die Klassiker des Neokonfuzianismus.

In seiner Philosophie umreißt das „Große Lernen" in kurzen und prägnanten Worten ein zentrales Thema der konfuzianischen Lehre: Die richtige Struktur der Gesellschaft, d.h. Ordnung in Familie und Staat, sowie friedfertiger und respektvoller Umgang untereinander, finden ihren Ursprung in der Entwicklung der Persönlichkeit des Einzelnen. So wird diese zu einem fundamentalen Prozess, der im Konfuzianismus Selbstkultivierung genannt wird. Traditionell dienen in China auch die Künste als Technik der Selbstkultivierung. Deshalb ist zu verstehen, dass viele Meister des Tai Chi Chuan in ihrer Kunst nicht nur eine Kampftechnik oder Gesundheitsübung sahen, sondern sie auch zur Selbstkultivierung übten. Hieraus erklärt sich sicherlich auch die große Bedeutung der Soloformen im Tai Chi Chuan, die in heutiger Zeit für viele Freunde des Tai Chi Chuan das Wesentliche an ihrer Kunst geworden sind.

Der Weg (dao) des großen Lernens
liegt in der klaren und reinen inneren Kraft (de).
Er bedeutet, die Menschen zu lieben
und sein Ziel im höchsten Guten zu sehen.
Hat man Kenntnis von seinem Ziel, so ist man fest.
Hat man Festigkeit, so wird man ruhig.
Hat man Ruhe, so wird man gelassen.
Hat man Gelassenheit, so kann man gründlich nachdenken.
Hat man gründlich nachgedacht, so wird man ankommen.

Die Dinge haben Wurzeln und Verzweigungen.
Die Angelegenheiten haben Ende und Anfang.
Erkennt man, was zuerst kommt und was danach folgt,
ist man dem Weg (dao) nahe.

Die Alten, die der ganzen Welt ihre klare
und reine innere Kraft (de) erläutern wollten,
ordneten zuerst ihren Staat.
Um ihren Staat zu ordnen, regelten sie zuerst ihre Familie.
Um ihre Familie zu regeln, kultivierten sie zuerst sich selbst.
Um sich selbst zu kultivieren,
machten sie zuerst ihr Herz/Bewusstsein (xin) recht.
Um ihr Herz/Bewusstsein (xin) recht zu machen,
machten sie zuerst ihre Absicht (yi) wahrhaftig (cheng).
Um ihre Absicht (yi) wahrhaftig (cheng) zu machen,
erweiterten sie zuerst ihr Wissen.
Die Erweiterung des Wissens
liegt in der Untersuchung der Dinge.

Nachdem die Dinge untersucht sind,
wird das Wissen erweitert.
Nachdem das Wissen erweitert ist,
wird die Absicht (yi) wahrhaftig (cheng).
Nachdem die Absicht (yi) wahrhaftig (cheng) ist,
wird das Herz/Bewusstsein (xin) recht.
Nachdem das Herz/Bewusstsein (xin) recht ist,
wird das Selbst kultiviert.
Nachdem das Selbst kultiviert ist,
wird die Familie geregelt.
Nachdem die Familie geregelt ist,
wird der Staat geordnet.
Nachdem der Staat geordnet ist,
wird die ganze Welt Frieden finden.

Man sagt:
Vom Kaiser bis zum einfachen Mann,
alle nehmen die Selbstkultivierung als Wurzel.
Dass die Wurzel in Unordnung,
die Zweige aber in Ordnung sind, das gibt es nicht.
Dass das Wichtige unwichtig und das Unwichtige wichtig ist,
das hat es noch nicht gegeben.

9 Maß und Mitte

中庸

Maß und Mitte

Das Buch von „Maß und Mitte (Zhongyong)" wird oft in einem Atemzug mit dem „Großen Lernen (Daxue)" genannt. Es findet sich ebenso wie dieses im „Buch der Riten (Liji)" und wurde auch in die Reihe der „Vier Bücher (Sishu)" des Konfuzianismus aufgenommen. Dies weist auf seine große Bedeutung für die chinesische Kultur hin. Während das „Große Lernen" soziale und politische Aspekte beschreibt, finden sich im Buch von „Maß und Mitte" eher psychologische und metaphysische Themen. Damit baute das Buch von „Maß und Mitte" eine Brücke vom Konfuzianismus zu den Daoisten und den Buddhisten, die sich auch stark von ihm angezogen fühlten.

Wie der Titel des Buches andeutet, ist hier der Begriff der „Mitte" von besonderer Bedeutung. Unter Mitte wird dabei ein moralischer Zustand verstanden, in dem extreme Emotionen vermieden werden. Ein Mensch, der in seiner Mitte ruht, wird in seinen Handlungen Übereinstimmung mit den Prinzipien des Kosmos erreichen. Als weiterer wichtiger Terminus wird die „Wahrhaftigkeit (cheng)" vorgestellt. Wahrhaftigkeit (cheng) ist dabei ein Begriff, der über die Welt des Menschen hinausgeht. Auch alle Dinge und der Weg (dao) des Himmels können wahrhaftig (cheng) sein. Wahrhaftigkeit (cheng) bedeutet, seiner inneren Natur (xing) zu folgen und könnte damit auch mit „authentisch sein" oder „echt sein" übersetzt werden. Die Mitte wahren und wahrhaftig (cheng) sein, dies sind auch Forderungen der alten Tai Chi-Meister an ihre Schüler.

Was der Himmel zuteilt ist die innere Natur (xing).
Was die innere Natur (xing) vorschreibt, heißt Weg (dao).
Was aber die Kultivierung in Richtung
des Weges (dao) ermöglicht, heißt Erziehung.
Der Weg (dao) darf nicht für einen Moment verlassen werden.
Könnte man ihn verlassen, wäre es nicht der Weg (dao).

Darum sorgt sich der Edle um das, was er nicht sieht
und ist vorsichtig gegenüber dem, was er nicht hört.
Es ist nichts sichtbarer als das Versteckte.
Es ist nichts deutlicher als das Unsichtbare.
Darum achtet der Edle auf das,
was er allein für sich selbst ist.

Wenn Glück und Zorn, Trauer und Freude
noch nicht vorhanden sind, dann nennt man dies Mitte.
Wenn sie vorhanden sind,
aber den richtigen Rhythmus treffen,
dann nennt man dies Harmonie.
Die Mitte ist die große Wurzel der Welt.
Harmonie heißt, den Weg (dao) erfüllen.
Wenn Mitte und Harmonie erreicht sind,
dann bekommen Himmel und Erde (tiandi) ihren Platz
und die Zehntausend Dinge (wanwu) gedeihen.

Der Meister sagt:
Maß und Mitte sind von höchster Wichtigkeit,
aber selten sind die Menschen, die dabei verweilen.

Wahrhaftigkeit (cheng) ist der Weg (dao) des Himmels.
Nach Wahrhaftigkeit (cheng) streben
ist der Weg (dao) des Menschen.

Wahrhaftigkeit (cheng) ist, ohne Mühe die Mitte wahren.
Erreichen ohne nachzudenken.
Mit Leichtigkeit auf der Mitte des Weges (dao) zu wandeln.
So ist der Heilige.

Nach Wahrhaftigkeit (cheng) streben ist,
das Gute wählen und es festhalten.
Umfassend lernen. Gründlich hinterfragen.
Sorgfältig nachdenken. Klar untersuchen.
Wirkliches tun.

Wenn es etwas gibt, das man noch nicht erlernt hat,
oder etwas, das man erlernt hat, aber es noch nicht beherrscht,
dann wird man nicht davon ablassen.

Wenn es etwas gibt, das man noch nicht hinterfragt hat,
oder etwas, das man hinterfragt hat,
aber es noch nicht verstanden hat,
dann wird man nicht davon ablassen.

Wenn es etwas gibt,
über das man noch nicht nachgedacht hat,
oder etwas, über das man nachgedacht hat, aber es noch nicht
durchschaut hat, dann wird man nicht davon ablassen.

Wenn es etwas gibt, das man noch nicht untersucht hat,
oder etwas, das man untersucht, aber noch nicht geklärt hat,
dann wird man nicht davon ablassen.

Wenn es etwas zu tun gibt, das man noch nicht getan hat,
oder etwas, das man getan,
aber es noch nicht verwirklicht hat,
dann wird man nicht davon ablassen.

Wenn andere es beim ersten Mal können,
dann mache ich es hundertmal.
Wenn andere es nach dem zehnten Mal können,
dann mache ich es tausendmal.
Wenn man diesen Weg (dao) geht,
dann wird auch der Dumme klug
und der Schwache stark.

10 Sun Bin

孫臏

Sun Bin

Sun Bin ist ein Nachfahre des Sunzi und lebte von 380 - 316 v. Chr., also mehr als ein Jahrhundert nach Sunzi. Er hinterließ, ähnlich wie sein Vorfahre, ein Werk mit dem Namen „Sun Bin: Die Kunst des Krieges (Sun Bin Bingfa)". Zur besseren Unterscheidung der beiden Werke spricht man einfach vom Sunzi (Werk des Sun Wu) und Sun Bin (Werk des Sun Bin). Das Buch Sun Bin galt fast 2.000 Jahre lang als verschollen und wurde erst 1972 als Grabbeigabe wieder entdeckt. Es gilt heute als einer der wesentlichen Texte zur klassischen chinesischen Militärphilosophie.

Anhand des Sunzi wurde in einem vorherigen Kapitel die Einführung des Prinzips vom Gegenteil in die Strategemik vorgestellt. Dieser Gedanke wird in der chinesischen Philosophie zu einem dynamischen Prozess erweitert. Das Gegenteil wird gerade dadurch erreicht, dass etwas seinen Höhepunkt überschreitet und dann in sein Gegenteil umschlägt. Man denke nur an das yin-yang-Zeichen, wo sich im größten Weiß schon ein schwarzer Punkt befindet. Im Sun Bin wird nun diese Vorstellung auch in die Strategemik eingeführt. Da der Text zwei Jahrtausende verschollen war, wurde er sicherlich nicht direkt von den Tai Chi-Meistern studiert. Aber gerade die Formulierung dieses Prinzips in einem so alten Text zeigt, wie früh es schon in das strategische Denken integriert wurde. Kein Wunder, dass es auch als Grundlage des Tai Chi Chuan dient.

Das Prinzip von Himmel und Erde (tiandi):
Wenn etwas sein Äußerstes erreicht hat,
dann kehrt es um.
Wenn etwas vollständig gefüllt ist,
dann leert es sich wieder.
Die Wechsel zwischen Aufstieg und Verfall,
wie die vier Jahreszeiten.
Siegen und besiegt werden,
wie die fünf Wandlungsphasen (wuxing).
Leben und Tod,
wie bei den Zehntausend Dingen (wanwu).
Fähig sein und unfähig sein,
wie bei den Zehntausend Lebewesen.
Etwas mehr und etwas weniger,
wie bei der Gestalt und der Macht.

Daher,
derjenige, der in der Kriegsführung exzellent ist,
weiß von der Schwäche des Feindes,
wenn er seine Stärke sieht.
Er weiß von seinem Mangel,
wenn er seinen Überfluss sieht.
Er sieht den Sieg,
wie er die Sonne und den Mond sieht.
Er wird so sicher siegen,
wie Wasser das Feuer besiegt.

Man zeigt sich ruhig,
um mit Bewegung zu überraschen.
Man zeigt sich behaglich,
um durch Belästigung zu überraschen.
Man zeigt sich zufriedengestellt,
um mit Ehrgeiz zu überraschen.
Man zeigt sich ordentlich,
um mit Unordnung zu überraschen.
Man zeigt sich zahlreich,
um mit wenigen zu überraschen.

11 Huainanzi

淮南子

Huainanzi

Das Buch Huainanzi wurde von Liu An (179 -122 v. Chr.), einem Enkel des ersten Han-Kaisers, mithilfe einer Reihe von Gelehrten zusammengestellt. In seiner Ideenwelt verpflichtete es sich ganz der daoistischen Tradition des Laozi und des Zhuangzi. Als politischer Wegweiser richtete es sich gegen den zunehmenden konfuzianischen Zentralismus des Kaiserhofes. Stattdessen stellt das Huainanzi eine feudal geprägte Idealgesellschaft vor, die vom Wandel geprägt ist. Der Wandel kann sich dabei sowohl auf soziale, politische und kulturelle Bereiche, aber auch auf die umgebende Natur beziehen. Eine zentrale Frage im Huainanzi ist daher, wie man sich als Einzelner in einer sich ewig wandelnden Welt einzuordnen hat. Liu An konnte sich mit seinen Ideen am Kaiserhof nicht durchsetzen. Vielmehr wurde er später des Verrats beschuldigt und verübte daraufhin Selbstmord.

Das Huainanzi des Liu An ist für den Tai Chi-Übenden von großem Interesse. In ihm wird die daoistische Kosmologie, auf der das Tai Chi Chuan aufbaut, detailliert erläutert. Viele ältere Ideen werden aufgenommen und genauer ausgeführt, so z.B. die Vorstellung des richtigen Zeitpunkts, die auch dem Tai Chi Chuan nicht fremd ist.

Zum Weg (dao) heißt es:
Er beschützt den Himmel und unterstützt die Erde.
Er überschreitet die Vier Richtungen
und öffnet die Acht Pole.
Er ist endlos groß und grenzenlos tief.
Er umhüllt Himmel und Erde (tiandi)
und gibt dem, was ohne Form ist.
Sein Ursprung und sein Lauf ist wie eine Quelle.
Zuerst leer, wird er allmählich voll.
Trübe fließend; was dunkel ist, wird langsam klar.

Derjenige, der den Weg (dao) verstanden hat,
kehrt zurück zu Klarheit und Ruhe.
Derjenige, der die Dinge untersucht hat,
endet beim Nicht-Handeln (wuwei).

Derjenige, der den Weg (dao) erreicht hat,
ist schwach in seinen Ideen, aber stark in seinen Taten.
Sein Herz/Bewusstsein (xin) ist leer (xu),
aber seine Handlungen sind reichhaltig.
Was bedeutet es, in seinen Ideen schwach zu sein?
Man ist weich und ruhig.
Man verbirgt sich hinter der Schüchternheit.
Man macht, was man nicht tun soll,
gleichgültig und ohne nachzudenken.
Man ist in Bewegung,
aber nicht zu einem zu frühen Zeitpunkt.
Frei sich wendend kehrt man
sich den Zehntausend Dingen (wanwu) zu.
Man übernimmt nicht die Führung
und nur durch Einwirkung von außen
wird man innerlich bewegt.

Daher,
wer hart sein will,
muss sich an der Weichheit festhalten.
Wer stark sein will,
muss sich durch Schwäche schützen.
Das Ansammeln von Weichheit führt zur Härte.
Das Ansammeln von Schwäche führt zur Stärke.
Betrachte was angesammelt wird,
um die Richtung von Erfolg und Misslingen zu erkennen.
Das Harte überwindet, was nicht so hart ist wie es selbst.
Ist etwas gleich hart, gewinnt keines von beiden.
Das Weiche überwindet, was ihm überlegen ist.
Seine Kraft ist unermesslich.

Daher,
eine Waffe, die zu steif ist, wird bersten.
Ein Stück Holz, das zu hart ist, wird brechen.
Ein Stück Leder, das zu spröde ist, wird reißen.
Die Zähne, härter als die Zunge,
erleiden zuerst Schaden.
Daher ist das Weiche und Schwache
der Stamm des Lebens.
Das Harte und Starke ist
der Schüler des Todes.

Man muss das Prinzip
des Weges (dao) einhalten,
um den Wandlungen zu folgen.
Das Frühere beherrscht dann ebenso das Spätere,
wie das Spätere das Frühere beherrscht.
Wieso ist das so?
Da man niemals die Herrschaft über den Anderen verliert,
kann der Andere einen nicht beherrschen.
Der richtige Augenblick ist schon vorbei,
ehe man einen Atemzug getan hat.
Ist man zu früh, wird es schnell zuviel.
Ist man zu spät, wird man nicht mehr heranreichen.
Sonne und Mond drehen sich auf ihren Bahnen.
Der richtige Zeitpunkt wartet nicht auf einen.
Daher schätzt der Weise ein wenig Zeit mehr,
als ein Stück Jade.
Der richtige Zeitpunkt ist schwer zu erreichen,
aber leicht zu verfehlen.

12 Liezi

列子

Liezi

Das Buch Liezi wird dem Daoismus zugerechnet. Sein Autor, Meister Lie, soll zwischen 450 und 375 v. Chr. gelebt haben. Es ist aber eher unwahrscheinlich, dass er das Buch selbst verfasst hat. Aufgrund von literaturwissenschaftlichen Erkenntnissen geht man heute davon aus, dass es erst im 3. Jh. n. Chr. zusammengestellt wurde und somit zum Neodaoismus gehört. In Inhalt und Stil ist es dem Zhuangzi sehr ähnlich.

So entwickeln sich auch im Liezi die Gedanken in Anekdoten und Erzählungen. Einige dieser Anekdoten beschreiben, was es aus daoistischer Sicht heißt, eine Kunst zu erlernen. Vom Schüler wird gefordert, regelmäßig über einen langen Zeitraum immer wieder das Gleiche zu üben. So verinnerlicht er die Übung in hohem Maße. Höchstes Können entsteht so ganz natürlich durch intuitive Übereinstimmung mit dem Wesen der Kunst. Das erlangte Können soll aber auf keinen Fall zur Schau gestellt werden. Vorstellungen dieser Art haben das Tai Chi Chuan wesentlich beeinflusst.

Zhong Ni wanderte nach Chu. Als er aus einem Wäldchen kam, sah er einen Buckligen, der Zikaden fing, als wenn er sie nur zu pflücken bräuchte.

Zhong Ni fragte: „Meister, gibt es für eure Geschicklichkeit einen Weg (dao)?"

Der Bucklige antwortete: „Ja, ich habe einen Weg (dao). Fünf oder sechs Monate lang balancierte ich zwei Kügelchen auf einem Seil, bis sie nicht mehr herunterfielen. Danach verfehlte ich nur noch jede sechste Zikade. Nachdem ich es mit drei Kügelchen beherrschte, verfehlte ich von zehn nur noch eine. Als ich schließlich fünf Kügelchen nicht mehr fallen ließ, konnte ich die Zikaden einfach so pflücken. Ich stehe still, wie ein starker Baumstamm. Ich halte meine Arme ruhig, wie starke Äste. Von den Zehntausend Dingen (wanwu) zwischen Himmel und Erde (tiandi) kenne ich nur die Flügel der Zikaden. Von denen wende ich mich nicht ab. Ich tausche die Zehntausend Dinge (wanwu) nicht gegen die Flügel der Zikaden."

Konfuzius drehte sich zu seinen Schülern um und sagte: „Nur wer seine Gedanken ungeteilt gebraucht, kann den Geist (shen) voll konzentrieren. Das ist es, was der Bucklige sagen wollte."

Der Bucklige sagte: „Ihr in den Roben, was wisst ihr schon? Handelt erst und sprecht dann darüber."

✳ ✳ ✳

Graf Gong Yi war unter den Fürsten bekannt für seine Kraft. Tang Xi erzählte König Xuan der Zhou von Gong Yi. Der König ließ Geschenke vorbereiten und lud Gong Yi ein. Gong Yi kam, sah äußerlich aber ganz schwach aus.

Der König war verblüfft und fragte voller Zweifel: „Wie groß ist deine Kraft?"

Gong Yi antwortete: „Die Kraft eures Untertans reicht aus, das Bein einer Frühlingsheuschrecke zu brechen oder den Flügel einer Herbstzikade zu tragen."

Der König wurde rot und sagte: „Meine stärksten Männer können die Haut eines Nashorns zerreißen oder neun Bullen am Schwanz umherziehen. Und doch sind sie mir noch zu schwach. Du aber kannst das Bein einer Frühlingsheuschrecke brechen und den Flügel einer Herbstzikade tragen und doch hört man überall von deiner Kraft. Wie kann das sein?"

Graf Gong Yi atmete tief durch, stand von seinem Platz auf und sagte: „Ach, was für eine Frage, mein König. Ich werde mich trauen zu antworten, wie es sich wirklich verhält. Der Lehrer eures Untertans war Shang Qiuzi. Seiner Kraft konnte niemand widerstehen. Aber selbst seine nächsten Verwandten wussten nichts davon, da er seine Kraft niemals anwendete. Als er dem Tode nahe war, sagte er zu mir: `Die Menschen möchten das sehen, was nicht zu sehen ist. Das Offensichtliche aber wollen sie nicht sehen. Die Menschen möchten das erlangen, was nicht erreichbar ist. Sich selbst kultivieren möchten sie aber nicht. Daher, wer sehen lernen will, der soll zuerst einen Wagen voll Feuerholz betrachten. Wer hören will, der soll zuerst den Schlägen einer Glocke lauschen. Wer das Leichte innen hat, kennt außen nichts Schweres. Wer außen nichts Schweres kennt, dessen Name wird nicht über seine Familie hinaus bekannt.` Heute ist der Name eures Untertans von den Fürsten gehört worden. Das zeigt, dass euer Untertan die Lehre seines Meisters nicht beachtet und seine Fähigkeiten offenbart hat. Doch beruht der Name eures Untertans nicht darauf, dass er seine Kraft missbraucht, sondern darauf, dass er sie gebrauchen kann. Ist das nicht viel mehr, als seine Kraft zu missbrauchen?"

✳ ✳ ✳

In alter Zeit war Gan Ying ein hervorragender Bogenschütze. Wann immer er den Bogen spannte, brachen die wilden Tiere zusammen und die Vögel fielen hernieder. Gan Ying hatte einen Schüler mit Namen Fei Wei, der ihn im Bogenschießen noch übertraf. Ji Chang wiederum wollte von Fei Wei das Bogenschießen lernen.

Fei Wei sagte: „Zuerst musst du lernen, nicht zu blinzeln. Erst dann können wir über das Bogenschießen reden."

Ji Chang ging nach Hause, legte sich unter den Webstuhl seiner Frau und schaute immer konzentriert auf das Auf und Ab. Nach zwei Jahren blinzelte er nicht mehr, auch wenn eine Ahle mit ihrer Spitze in seinen Augenwinkel fiel. Dies berichtete er Fei Wei.

Dieser aber sagte: „Das ist es noch nicht. Du musst noch sehen lernen, dann kannst du Kleines sehen, als ob es groß wäre und Undeutliches, als ob es deutlich wäre. Dann sagst du mir Bescheid."

Ji Chang hängte eine Laus an einem Haar in ein Fenster und schaute sie an. Nach zehn Tagen wurde sie langsam größer. Nach drei Jahren war sie groß wie ein Wagenrad und so sahen all die anderen Dinge für ihn aus wie Berge. Da nahm er einen Bogen aus Horn von Yan, einen Pfeil aus Holz von Shuo und schoß durch das Herz der Laus, ohne dass das Haar zerriss. Dann ging er zu Fei Wei und berichtete dies.

Dieser sprang in die Luft, schlug sich auf die Brust und sagte: „Du hast es geschafft."

Als Ji Chang so die Kunst völlig beherrschte, erkannte er, dass es auf der ganzen Welt nur noch einen Feind für ihn gab und er beschloss, Fei Wei zu töten. Sie trafen sich in der Wildnis und schossen aufeinander. Die Spitzen der Pfeile trafen sich auf der Mitte des Weges und fielen zu Boden, ohne Staub aufzuwirbeln. Fei Wei gingen die Pfeile zuerst aus, aber Ji Chang hatte noch einen. Den schoss er ab. Fei Wei wehrte ihn mit dem Dorn eines Baumes ab, ohne ihn zu verfehlen. Da begannen die beiden zu schluchzen. Sie ließen die Bögen fallen, verneigten sich voreinander voll Respekt bis zum Boden und verbanden sich als Vater und Sohn. Sie schnitten sich in die Arme und schworen, ihre Kunst an niemand anderen weiterzugeben.

✻✻✻

Glossar

名詞

Absicht (yi)
Yi bezeichnet all das, was man im Sinn hat. Bei Zhuangzi heißt es z.B.: „Was man erörtern kann, ist das Grobe der Dinge. Wessen man sich mit den Gedanken (yi) widmen kann, ist das Feine der Dinge." Yi kann aber auch konkreter als „Absicht" verstanden werden. In dieser Form findet es sich z.B. im „Großen Lernen" und im Tai Chi Chuan.

Acht Trigramme (bagua)
Die Acht Trigramme (bagua) sind Orakelzeichen, die aus drei übereinander liegenden Linien aufgebaut sind. Die Linien sind entweder durchgezogen bzw. hart oder unterbrochen bzw. weich. In einer allgemeinen Terminologie sagt man auch, dass die harten Linien yang und die weichen Linien yin darstellen. Angeblich sollen die Acht Trigramme vom Sagenkaiser Fu Xi aus Naturbeobachtungen abgeleitet worden sein. Im Tai Chi Chuan werden den Acht Trigrammen die Acht Richtungen und die Acht Handtechniken peng, lü, ji, an, cai, lie, zhou und kao zugeordnet.

Essenz (jing)
Wörtlich: fein. Die Essenz (jing) steht für eine Art Feinstoff, der im Menschen zirkuliert und ihm seine greifbare Form gibt. Unter der Essenz (jing) können aber auch die männlichen und weiblichen Sexualflüssigkeiten verstanden werden. Im Daoismus bilden Essenz (jing), qi und Geist (shen) die Drei Schätze. Die Verfeinerung der Drei Schätze dient im Daoismus als Grundlage zur Verlängerung des Lebens. Im Tai Chi Chuan werden die Drei Schätze durch die Entwicklung von Natürlichkeit (ziran) gepflegt.

Fünf Klassiker (Wujing)
Spätestens seit der Han-Zeit (206 v. Chr. – 220 n. Chr.) spricht man von den „Fünf Klassikern (Wujing)" des Konfuzianismus. Dies sind die „Frühlings- und Herbstanalen (Chunqiu)", die „Zeremonien und Riten (Yili)", das „Buch der Lieder (Shujing)", das „Buch der Geschichte (Shijing)" und das „Buch der Wandlungen (Yijing)".

Fünf Wandlungsphasen (wuxing)
Wörtlich: Die fünf Wandelnden. Ursprünglich die im Altertum bekannten fünf Planeten und die mit ihnen assoziierten Elemente. Diese sind Wasser, Feuer, Holz, Metall und Erde. Die Fünf Wandlungsphasen (wuxing) werden traditionell den unterschiedlichsten Gegebenheiten in Mikro- und Makrokosmos zugeordnet. Im Tai Chi Chuan entsprechen die Fünf Wandlungsphasen (wuxing) den Fünf Schrittarten „Vordringen", „Zurückweichen", „Nach links Blicken", „Nach rechts Blicken" und „Stabiles Gleichgewicht", sowie den fünf jin-Kräften „Kleben", „Verbinden", „Anhaften", „Folgen" und „Nicht verlieren und nicht dagegenhalten".

Geist (shen)
Der Begriff shen hat viele Bedeutungen, wie z.B. Gott, Götter, Geist und Seele. Je nach Philosoph und Kontext muss shen unterschiedlich übersetzt werden. Im Tai Chi Chuan bedeutet shen in der Regel „Geist".

Herz/Bewusstsein (xin)
Im ursprünglichen Sinn bedeutet xin „Herz". Das Herz ist der Ort, der den Geist (shen) beherbergt. Der Zustand des Herzens beeinflusst den Geist und umgekehrt. Dadurch bekommt xin auch die Bedeutung von Bewusstsein und man übersetzt xin daher mit Herz/Bewusstsein. In dieser Form wird es auch im Tai Chi Chuan verwendet.

Himmel und Erde (tiandi)
Der Himmel ist die schöpferische Kraft. Er ist rund und dem yang zugeordnet. Die Erde ist die empfangende Kraft. Sie ist viereckig und dem yin zugeordnet. Mit dem Begriff „Himmel und Erde (tiandi)" wird in der Regel der Kosmos als Ganzes bezeichnet. Zusammen mit dem Menschen bilden Himmel und Erde (tiandi) die Drei Potenzen. In der chinesischen Philosophie, wie im Tai Chi Chuan, wird gefordert, dass der Mensch in Harmonie mit Himmel und Erde (tiandi) leben soll.

Innere Kraft (de)

Der Begriff de hat ursprünglich die Bedeutung „Kraft" oder „Fähigkeit". Im Konfuzianismus wurde daraus eine moralische Kraft, die oft mit „Tugend" übersetzt wird. De kennzeichnet hier den Edlen und drückt sich in den Fünf Grundtugenden Mitmenschlichkeit (ren), das Rechte, ritueller Anstand, Weisheit und Vertrauenswürdigkeit aus. Im Gegensatz dazu ist de bei Laozi eine Kraft, die vom Weg (dao) ausgeht. Es handelt sich also nicht um eine direkt bestimmbare moralische Kraft, sondern um eine Art höhere Kraft. Diese wirkt durch das Prinzip des Nicht-Handelns (wuwei). Im Tai Chi Chuan wird der Begriff de kaum verwendet. Sehr wohl gibt es aber mit der jin-Kraft ein Konzept einer inneren Kraft.

Innere Natur (xing)

Der Begriff der „inneren Natur (xing)" des Menschen wird im Konfuzianismus intensiv diskutiert. Bei Konfuzius heißt es dazu: „Der inneren Natur (xing) nach stehen wir einander nahe, durch Angewohnheiten entfernen wir uns voneinander." Über das Gut- oder Schlechtsein der Natur des Menschen ist damit nichts gesagt. Mencius folgert daraus, dass ursprünglich alle Menschen ihrer Natur nach gleich sind. Aus dem unverbildeten Verhalten des Menschen (z.B. das von Kindern in ihrer Liebe zu ihren Eltern) schließt er, dass die menschliche Natur gut sei. Die späteren Unterschiede zwischen den Menschen entstehen durch Verbildung. Im Gegensatz dazu geht z.B. Xunzi davon aus, dass die menschliche Natur schlecht sei und nur durch Lernen zum Guten gewendet werden kann. Verschiedene andere Philosophen, wie z.B. Gaozi, erklären in derselben zeitlichen Periode, dass der Mensch weder gut noch schlecht sei, sondern sich die eine oder andere Seite erst im Verlaufe des Lebens durch die Umstände ausprägt. Im Daoismus des Laozi und Zhuangzi wird die Vorstellung von xing vermieden. Eine individuelle menschliche Natur würde einen gedanklich zu sehr vom allgemeinen Weg (dao) trennen. Statt dessen wird hier auf die innere Kraft (de) verwiesen, die zwar in einer Person vorliegen kann, aber auch immer mit dem Ganzen verbunden ist und so auf den Weg (dao) verweist. Im Tai Chi Chuan versucht man gerade durch die Tai Chi-Übung die verschiedenen Aspekte seiner inneren Natur (xing) zu pflegen.

Das Kämpferische (wu)
Das Schriftzeichen wu hat die Bedeutungen „militärisch", „kämpferisch", „gewalttätig" und „heftig". Man muss beachten, dass wu also sowohl den Kampf Mann gegen Mann, aber auch den Kampf Vieler gegen Viele beschreibt und damit die Assoziation von Krieg mit einbezieht. Das Kämpferische (wu) steht in Opposition zum Kulturellen (wen).

Das Kulturelle (wen)
Das Schriftzeichen wen bezieht sich im engeren Sinne auf die chinesische Schrift und Literatur, aber im weiteren Sinne auf die Gesamtheit der verschiedenen kulturellen Attribute, wie Kunst, Musik und Rituale, wobei jedes davon einen hohen moralischen Anteil hat. Das Kulturelle (wen) war der Maßstab des konfuzianischen Gentleman im traditionellen China, das Zeichen wahrer Kultiviertheit. Damit steht es in Opposition zum Kämpferischen (wu). Das Begriffspaar wen und wu und damit das Verhältnis zwischen dem Kulturellen und dem Kämpferischen bzw. dem Zivilen und dem Militärischen ist ein Thema, das in China schon immer heftig diskutiert wurde. Im Tai Chi Chuan versucht man, ein harmonisches Verhältnis zwischen dem Kulturellen (wen) und dem Kämpferischen (wu) zu entwickeln.

Leer (xu)
siehe Voll (shi)

Lebenspflege (yangsheng)
Wörtlich: Das Leben nähren. Ziel ist es, durch spezielle Übungen den Körper und den Geist gesund zu erhalten und ein ideales Zusammenspiel zwischen diesen beiden zu erreichen. Es entsteht so ein Mensch, der sowohl körperlich als auch mental von seiner Umgebung weitgehend unbeeindruckt ist. Dies wird als Grundlage für ein langes Leben gesehen. Ursprünglich nicht schulgebunden wurde der Begriff später stark vom Daoismus belegt. Der Begriff „Lebenspflege (yangsheng)" findet sich kaum in der klassischen Tai Chi-Literatur. Das Konzept, ein langes Leben durch Übungen für Körper und Geist zu erreichen, ist aber eines der Hauptthemen im Tai Chi Chuan.

Natürlichkeit (ziran)
Wörtlich: selbst-so. Die Suche nach Natürlichkeit (ziran) bedeutete in der daoistischen Tradition vor unserer Zeitrechnung den Rückzug in die Natur. Ab dem 2. Jh. n. Chr. wandelte sich die Vorstellung und man begann Natürlichkeit (ziran) auch in allen Lebensäußerungen und Handlungen des Menschen zu suchen. So heißt es auch im Tai Chi Chuan: Körper und Herz/Bewusstsein (xin) sind natürlich (ziran).

Nicht-Handeln (wuwei)
Mit Nicht-Handeln (wuwei) ist gemeint, nicht eingreifend zu handeln oder kein Handeln gegen die Natürlichkeit (ziran). Man soll also in Übereinstimmung mit den Prinzipien des Kosmos handeln, ohne die Dinge zu forcieren. Diese Vorstellung findet sich in besonderem Maße im Daoismus, aber auch im Konfuzianismus. Mit seiner defensiven Ausrichtung folgt Tai Chi Chuan ganz diesem Gedanken.

Mitmenschlichkeit (ren)
Das Wort ren kann nicht direkt übersetzt werden, sein Schriftzeichen besteht aber aus den zwei Teilen „Mensch" und „zwei" und verweist damit direkt auf die Verbindung zu zwischenmenschlichen Beziehungen. So findet man dann in der Literatur auch Übersetzungen wie „Menschenliebe", „Mitmenschlichkeit", „Sittlichkeit" und ähnliches. Aber keine der Übersetzungen erfasst den vollen Umfang von ren. Unter Mitmenschlichkeit (ren) muss man die Summe der zwischenmenschlichen Tugenden verstehen, die im Konfuzianismus gefordert werden. Darunter befinden sich z.B. die Kindespietät, das Vertrauen, die Treue, die Ehrlichkeit, die Gegenseitigkeit, die Wiederherstellung der Riten und das Rechte. Die Mitmenschlichkeit (ren) ist in der Natur des Menschen angelegt, muss aber durch Erziehung und Anleitung zur Entfaltung gebracht werden. Im Tai Chi Chuan findet sich praktisch keine Verwendung des Begriffes Mitmenschlichkeit (ren).

Qi
Zum Begriff qi gibt es in der chinesischen Philosophie die unterschiedlichsten Deutungen. Im "Buch der Wandlungen" und im Laozi ist es eine feinstoffliche Substanz, die den Ursprung des Kosmos darstellt und sich mit der Entwicklung des Kosmos ausdifferenziert.

Im konfuzianischen Xunzi ist es dagegen eine undifferenzierte Wahrheit, die allen Dingen vorausgeht. Im Tai Chi Chuan kann man sie als Atem- oder Lebenskraft auffassen, die durch die Tai Chi-Übung gepflegt wird.

Taiji, das höchste Äußerste
Bei dem neokonfuzianischen Philosophen Zhou Dunyi heißt es: „Wuji (ohne Äußerstes) und dann taiji. In Bewegung bringt das taiji das yang hervor. Wenn die Bewegung das Äußerste erreicht hat, entsteht Ruhe. Ruhend erzeugt das taiji das yin, doch wenn die Ruhe das Äußerste erreicht hat, entsteht Bewegung. Bewegung und Ruhe wechseln einander ab. Jedes ist die Wurzel des anderen." Mit dieser Idee bekam Tai Chi Chuan (Taijiquan) seinen Namen.

Vier Bücher (Sishu)
Die „Vier Bücher (Sishu)" sind das „Große Lernen (Daxue)", das Buch von „Maß und Mitte (Zhongyong)", die „Gespräche (Lunyu)" und der Mencius und wurden als solche von Zhuxi in der Song-Zeit (960 - 1279 n. Chr.) zusammengestellt, kommentiert und zu den neuen Klassikern des Konfuzianismus erhoben. Sie wurden in dieser Form die Standardwerke für die Beamtenausbildung bis 1911.

Voll (shi) und Leer (xu)
Voll (shi) und Leer (xu) sind ein klassisches yin-yang-Paar. Man könnte sie auch mit „Substanz habend" und „keine Substanz habend" übersetzen. Die Vorstellung eines yin-yang-Paares beinhaltet, dass etwas nicht voll (shi) oder leer (xu) ist, sondern grundsätzlich immer beide Aspekte gleichzeitig vorhanden sind und diese sich in einem ewigen Zyklus ineinander umwandeln. Sowohl bei den Strategen als auch im Tai Chi Chuan spielen Voll (shi) und Leer (xu) in dieser Form eine große Rolle. Mit Bezug auf das Herz/Bewusstsein (xin) ist Leere (xu) eine der Idealvorstellungen im Daoismus.

Wahrhaftigkeit (cheng)

Der Begriff cheng wird im konfuzianischen Buch von „Maß und Mitte" intensiv diskutiert. Er kann mit „Wahrhaftigkeit" übersetzt, aber auch als „authentisch sein" oder „echt sein" verstanden werden. Wahrhaftigkeit (cheng) bezieht sich sowohl auf alle Dinge, als auch auf den Menschen. Dabei wird betont, dass es die immer fortwährende Aufgabe des Menschen sei, Wahrhaftigkeit (cheng) zu erlangen und zu erhalten. Dies ist auch eine Forderung der Tai Chi-Meister an ihre Schüler.

Weg (dao)

Wörtlich bedeutet dao einfach „Weg" oder „Pfad", es wird aber auch als der „Sinn", das „Absolute", das „Gesetz", die „Natur" oder der „rechte Weg" des Menschen" übersetzt. Im Daoismus wird unter dem Weg (dao) ein Prinzip verstanden, aus dem der Kosmos entspringt. Im Allgemeinen wird im Konfuzianismus der „Weg des Himmels (tian zhi dao)" eher zum „rechten Weg des Menschen (ren zhi dao)". Damit kann für Konfuzius dao auch zum Weg einer konkreten Person werden. So spricht er z.B. vom Weg (dao) der Könige Wen und Wu. Damit bekommt der Weg (dao) auch eine moralische Qualität, die es für den Edlen zu erfüllen gilt. Erreicht er diese Qualität nicht, weicht er vom Weg (dao) ab. Im Tai Chi Chuan findet sich eine Mischform aus dem daoistischen und dem konfuzianischen Konzept des Weges (dao).

Yin und yang

Das Schriftzeichen für yin enthält die Darstellung eines Hügels im Schatten und bezeichnet so das Beschattete; das für yang besteht aus schrägen Sonnenstrahlen, die auf einen Hügel scheinen, und steht so für das Besonnte. Daraus abgeleitet werden aus yin und yang die polaren Kräfte, die im Kosmos wirken. Dabei werden dem yang z.B. das Helle, der Himmel, das Schöpferische und das Männliche zugeordnet und dem yin das Dunkle, die Erde, das Empfangende und das Weibliche. Der Gebrauch der Begriffe yin und yang als philosophische Termini begann im 4. Jh. v. Chr. Sie finden sich unter anderem in den Anhängen des „Buches der Wandlungen", bei Zhuangzi, wurden aber auch im Bereich des Kalenderwesens, der Geomantik und im „Buch der Lieder" verwendet.

Wie es der Name Tai Chi Chuan (Taijiquan) ausdrückt, beruht diese Kampfkunst auf dem Prinzip des taiji. Yin und yang entspringen dem taiji und sind daher von höchster Bedeutung für das Tai Chi Chuan.

Zehntausend Dinge (wanwu)
Zehntausend ist im normalen chinesischen Sprachgebrauch die höchste Zahl und unter den Zehntausend Dingen (wanwu) wird daher die Gesamtheit alles Seienden verstanden. Dabei ist zu beachten, dass unter den Dingen sowohl Unbelebtes, wie auch Belebtes verstanden wird. Das heißt, dass auch der Mensch zu den Zehntausend Dingen (wanwu) gehört. In entsprechendem Kontext kann er ihnen aber auch gegenübergestellt werden.